秒で作れる
奇跡のウマさ！

失敗ゼロ！

1人分の

レンジ飯革命

レンジ飯は絶対に失敗しない

1

カルボチャーハン（P.68）

火を使わないから超簡単！
容器に材料を入れてチンするだけ！

いきなり料理上手になれます

調理は全部レンジにおまかせ。
火加減を気にする必要なし！
焦がす心配は無用！
ビギナーや料理が苦手な人でも大丈夫。
材料を用意してチンするだけで、
必ずおいしいごはんが完成します。

革命的なウマさ
肉はジューシーに
野菜は食感よく

ガーリックトマトソースチキン
（P.18）

常識を
くつがえす
ウマさです！

レンジ加熱は
素材のうまみを
逃さない！

レンジは優秀な調理道具です。
肉は柔らかく、野菜はシャキッと加熱。
素材のうまみや甘みを引き出し、
短時間で味がよくしみ込む。
レンジの特性を最大限に生かせば、
驚くほど完成度の高い味に仕上がります。

準備は3分
レンジ調理は
究極の時短

器ごとチン！
洗いものも
減ります

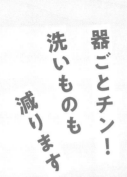

親子ラーメン（P.88）

3

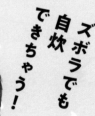

ズボラでも
自炊で
きちゃう！

レンジ飯は、とにかく調理時間が短い。
ものの3分で準備完了。加熱中は
他のことに時間が使えるし、洗いものも激減！
カット野菜やインスタント麺のアレンジ、
包丁を使わないレシピもあり。
「時短・ラク」を徹底的に追求しました。

レンジ飯の取説

食べ方は自由にどうぞ！

「おいしく作れる」分量です

ほぼ1人分だけど、調理しやすく、おいしく作れる分量にしています。野菜や肉は中途半端に余らせず、できるだけ使い切りたいし、耐熱容器に適した量の方が味も安定するのです。料理によっては2食分で紹介しているものもあります。

食べ切れなければ2食分に

僕は1回で食べ切っちゃう量だけど、人によって少し多いと感じるものがあるかも。時と場合によって食べる量は変わるので、レシピは主に「1〜2食分」としました。余ったら保存して、2回に分けて食べても大丈夫！

すぐ食べたいときは麺やご飯ものを

疲れた日や料理をする気が起きないときは、パスタやラーメンなどの麺類や、チャーハンや丼といったご飯ものがおすすめです。これらは1人分で紹介。一皿で完結するから何も考えず、速攻でお腹を満たせます！

痩せる低糖質メニューも豊富

低 低糖質マーク

夜遅く食べるときやダイエット中の方のために、低糖質メニューもご用意しました。該当するレシピには低糖質マークを記載したので参考にしてください。ヘルシーだけど、しっかり満足感のある味だから物足りなさは一切ありません。

一軍調味料

普通の調味料で、超ウマいものができます。

1 中華スープの素（ペースト）
2 オリーブ油
3 ごま油
4 うまみ調味料
5 焼肉のたれ
6 みりん
7 酒
8 コンソメ（顆粒）
9 黒こしょう
10 にんにく
11 塩
12 麺つゆ（3倍濃縮）
13 レモン汁
14 ドライパセリ
15 白だし
16 ラー油
17 しょうゆ
18 一味唐辛子
19 七味唐辛子
20 バター

レンジ飯のきほん

まずは耐熱容器を用意！

レンジ調理に欠かせないのが、耐熱容器。余ったときは、そのまま保存できます。この本では主に、プラスチックの容器を使用。角型は材料を入れやすく、加熱ムラが少ないので調理に向いています。汁気がこぼれないように、ある程度、深さがあるものを選んで。具材が多い場合はガラス製などの耐熱ボウルを。料理によっては耐熱性の皿や丼、マグカップを使うことも。

プラスチック容器
容量…630ml
（約12cm角、高さ約6cm）

耐熱ボウル
容量…1.5ℓ
（直径約20cm）

加熱時間は600Wが基準です

レシピの加熱時間は、600Wを基本にしています（電子レンジはターンテーブル式を使用）。下記の表を参考にして、500Wの場合は加熱時間を約1.2倍に、700Wの場合は約0.85倍にしてください。電子レンジのメーカーや機種により誤差が出る場合があるので、レシピの加熱時間を目安に状態を見ながら調整してください。

600Wの加熱時間	500Wの加熱時間	700Wの加熱時間
1分	1分10秒	50秒
2分	2分20秒	1分40秒
3分	3分40秒	2分30秒
4分	4分50秒	3分20秒
5分	6分	4分20秒
6分	7分10秒	5分10秒
7分	8分20秒	6分
8分	9分40秒	6分50秒
9分	10分50秒	7分40秒
10分	12分	8分30秒

本書の使い方

- 大さじ1=15ml、小さじ1=5mlです。
- 卵はLサイズを使用しています。
- 本書はターンテーブル式の電子レンジを使用し、600Wを基準にレシピを出しています。
- 電子レンジの加熱時間はメーカーや機種によって異なるので、様子を見て加減してください。

容器に材料を
入れる順番

レシピに指定がなければ、入れやすい順番で大丈夫。電子レンジは表面から熱があたるので、厚みのある肉など火が通りにくい素材は上にするとよいでしょう。肉の下に野菜を入れると、うまみがしみ込みます。バターやルウも上にのせると全体に浸透しやすい。

薄切り肉は1枚ずつ広げて加熱ムラを防ぐ

少し隙間をあけるくらい余裕を持たせて

ラップは
「ふわっと」かけて

レンジ加熱するとき、ラップはふんわりかけてください。ぴったり密着させると、容器が変形したり、ラップが破れて破裂したりすることがあるので注意。パスタなど水分をとばしたい料理はラップなしでOK。ラップをはずすときは、蒸気でのやけどに気をつけて。

分量や切り方は
レシピ通りに

加熱時間は材料の分量や切り方によって変わります。時間の誤差を少なくするためにも、できるだけレシピ通りに作るのがおすすめ。野菜は大きさに個体差があるので、記載があるものはグラムの方を参考にして用意してください。

大きさにバラつきがあるじゃがいもはグラムを参照

もくじ

常識をくつがえす 革命的な味!
肉魚料理

健康的なのに背徳のウマさ!
秒で作れる副菜

2章

1章

STAFF
写真　鈴木泰介
スタイリング　本郷由紀子
AD　三木俊一
デザイン　廣田萌（文京図案室）
調理アシスタント　岡本春香
編集協力　矢澤純子
DTP　アーティザンカンパニー
校正　麦秋アートセンター
編集　松尾麻衣子（KADOKAWA）

夜遅でも罪悪感皆無の

痩せおかず

3章

インスタントより手軽！ 世界一簡単な

麺・ご飯

ご飯

**4章**

手抜きなのに最高級の味！
コンビニ食材ご飯

6章

1日ごきげんで
いられる至福の
朝ご飯

5章

一口で昇天！家で作れる
奇跡のデザート

7章

レンジ飯特典レシピ
中川翔子(なかがわしょうこ)セレクトご褒美レシピ！

常識をくつがえす
革命的な味！

肉魚料理

1章

ねぎだれが神！
マジでジューシー！

ウマッ、！

エッ！

ねぎ塩チキン 低

材料（1〜2食分）

鶏もも肉（常温にもどす）……1枚（300g）

A 長ねぎ（小口切り）……½本（60g）

　塩……小さじ⅓

　中華スープの素（ペースト）……小さじ½

　酒……大さじ3

　ごま油……小さじ2

　黒こしょう……適量

POINT

● 鶏肉は常温にもどし、フォークで穴をあけると均一に火が通りやすい。

● 常温にするときは、肉をラップで包み、表裏を返しながら人肌になるまでレンジで10秒ずつ加熱すると早いです。

作り方

1 鶏肉はフォークで全体を刺し、皮目を上にして耐熱容器に入れ、**A**を加える。

2 ラップをして（a）3分30秒加熱し、肉を返して（b）再び1分30秒加熱する。そのまま庫内に5分おく。

3 肉を一口大に切ってねぎをのせ、好みで黒こしょうをふる。

ラップして…

チン！

神！

アレンジ
辛味を足したい
ときは、一味唐
辛子を加えても。

スパイスは不要！
嘘みたいなウマさ

無水インドカレー

材料（2食分）

A 鶏もも肉（小さめの一口大）……200g
　トマト缶……½缶（200g）
　玉ねぎ（みじん切り）……½個（120g）
　サラダ油……50ml
　塩……小さじ1弱
　おろしにんにく……2片分
　おろししょうが……10g
カレー粉……大さじ1½
ご飯（温かいもの）……400g（2食分）

POINT
● カレー粉は香りがとばないように仕
　上げに加えます。
● お好みでご飯やパンと一緒にどうぞ。

作り方

1 耐熱ボウルにAを入れ、手でトマトをつぶしなが
ら、しっかり混ぜる。

2 ラップをして（a）10分加熱する。

3 カレー粉を加え（b）、よく混ぜ、ご飯と一緒に頂く。

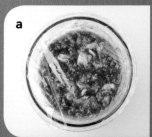

a

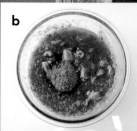

b

神！

14

たまらん！

食欲をそそる
ゴールデンコンビ！

600 W
5 分

ガリバタチャーシュー 低

材料（1〜2食分）

鶏むね肉（常温にもどす）……1枚（300g）
塩……小さじ1/5
A 麺つゆ（3倍濃縮）……大さじ2
　おろしにんにく……1片分
　バター……10g

作り方

1 鶏肉はフォークで全体を刺し、塩をすり込む。耐熱容器に皮目を上にして入れ、**A**を加える。

2 ラップをして（a）5分加熱し、そのまま庫内に5分おく。

3 一口大に切り、好みで黒こしょうをふる。

POINT
● 加熱後しばらくおいて余熱で火を通すと柔らかく仕上がります。

ラップして…

a

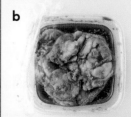

600 W

4分30秒

焼き肉のたれが本領発揮！

確実に米が欲しくなる

トロトロ〜

黄金チャーシュー 低

材料（1〜2食分）

鶏もも肉（常温にもどす）……1枚（300g）
焼肉のたれ……大さじ3½

作り方

1 鶏肉はフォークで全体を刺し、皮目を上にして耐熱容器に入れる。焼肉のたれを加えてもみ込み、15分ほど漬ける。

2 ラップをして(a)3分加熱し、肉を返して(b)再び1分30秒加熱する。

3 そのまま庫内に5分おき、一口大に切る。

ラクラク

POINT
● 焼肉のたれはエバラ「黄金の味（中辛）」がおすすめ。
● 肉をたれにしばらく漬け、味をしみ込ませます。

a

b

16

600W

9分

オススメ

お酢でさっぱり！晩酌のお供にも

鶏酢大根

材料（1〜2食分）

鶏もも肉（一口大に切る）……½枚（150g）
大根（皮つきで8mm厚さのいちょう切り）……180g
酒……小さじ2
A しょうが（せん切り）……5g
　酢……大さじ2
　麺つゆ（3倍濃縮）……大さじ2½
　砂糖……小さじ2
万能ねぎ（小口切り）……適量

作り方

1 耐熱容器に大根と酒を入れ、ラップをして（**a**）5分加熱する。

2 鶏肉と**A**を加え（**b**）、ラップをして4分加熱する。

3 よく混ぜ、ねぎを散らす。

POINT

● 大根は皮つきだと食感がよい。
● 時間がかかる大根を先に加熱し、時間差で肉と調味料を加えます。
● 酢を使うと減塩になり、満足度もアップ。

a

b

600 W

7 分

むね肉がガッツリおかずに変身！

お、い、い、、

ガーリックトマトソースチキン 低

材料（1〜2食分）

鶏むね肉（常温にもどす）……1枚（300g）
塩……小さじ1/4
A トマト缶（軽くつぶす）……1/2缶（200g）
玉ねぎ（薄切り）……1/8個（25g）
おろしにんにく……1片分
コンソメ（顆粒）……小さじ1 1/2
オリーブ油……小さじ2
黒こしょう……適量

POINT

● ソースと肉を同時に調理。肉は上にのせ、うまみをしみ込ませます。

作り方

1 鶏肉はフォークで全体を刺し、塩をすり込む。耐熱容器にAを入れ、皮目を上にして肉をのせる。

2 ラップをして(a)7分加熱し、そのまま庫内に5分おく。

3 肉を一口大に切ってトマトソースをかけ、好みでドライパセリをふる。

ラップして

a

600W
11分

玉ねぎが激ウマ！
炒めないオニグラ

ホカホカ

鶏肉と玉ねぎの煮込み

材料（2食分）

鶏もも肉（一口大に切る）……250g
玉ねぎ（薄切り）……1個（250g）
コンソメ（顆粒）……小さじ1½
酒……大さじ1
バター……10g

作り方

1 耐熱容器にすべての材料を入れる。

2 ラップをして（a）6分加熱し、底から返すように混ぜ（b）、再び5分加熱する。

3 よく混ぜ、好みで黒こしょう、ドライパセリをふる。

POINT

● 玉ねぎはたっぷり1個分。
肉を上にのせ、うまみを
玉ねぎにしみ込ませます。

a

b

餃子のたねを豪快に食す！
パンチのきいたハンバーグ

ふわ
ふわ

20

ぎょうざバーグ 低

材料(1食分)

A 豚ひき肉……120g
　ニラ(小口切り)……1/4束(25g)
　中華スープの素(ペースト)……小さじ1/4
　塩・こしょう……各少々
　ごま油……小さじ1
　片栗粉……小さじ1
しょうゆ・酢・ラー油……各適量

POINT
● 肉だねは卵を使わず、片栗粉をつなぎに。油を加え、ふっくらジューシーに仕上げます。

作り方

1 耐熱容器にAを入れ(a)、よく混ぜて丸める。

2 ラップをして(b)3分30秒加熱する。

3 しょうゆ、酢、ラー油をかける。

ラップして…

a

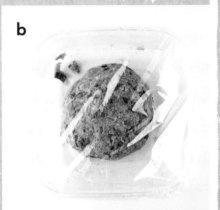
b

煮込んでいないのに
このコク！

taro〜

超濃厚シチュー

材料（1食分）

A ウインナーソーセージ（斜めに3等分）……3本
しめじ（石づきを切り落としてほぐす）……1袋（100g）
玉ねぎ（薄切り）……1/8個（25g）

B 牛乳……140ml
クリームシチューのルウ……1片
バター……5g
塩……1つまみ

粉チーズ……大さじ1

POINT

● シチューのルウは混ぜない
ととろみがつかないので、加
熱後によく混ぜて。
● ルウはS＆B「濃いシチュー
クリーム」がおすすめ。

作り方

1 耐熱容器に**A**を入れ、**B**を加える。

2 ラップをして（a）4分加熱し、全体を混ぜて再び2分加熱する。

3 粉チーズを加えて（b）よく混ぜ、好みでドライパセリをふる。

ラップに…

a

b

23

うまい〜

レンジで本格中華ができちゃった！

600W

3分**30**秒

青椒肉絲 (低)

（チン　ジャオ　ロー　スー）

材料（1〜2食分）

豚こま切れ肉……100g

A 片栗粉……小さじ1

　 塩・こしょう……各少々

B たけのこの水煮(細切り)……100g

　 ピーマン(細切り)……2個(80g)

　 焼肉のたれ……小さじ4

　 しょうゆ……小さじ2 ½

　 うまみ調味料……4ふり

POINT

● たけのこは細切りのものを買ってもOK。

● 加熱後によく混ぜること。肉にまぶした片栗粉でとろみがつきます。

作り方

1 耐熱容器に**B**を入れ、**A**をまぶした豚肉を加える。

2 ラップをして(a)3分30秒加熱する。

3 肉をほぐしてよく混ぜ、好みで糸唐辛子をのせる。

チン！

a

豚こまの
オーロラソース

材料（1食分）

豚こま切れ肉……130g
塩……少々
水……大さじ1

A　マヨネーズ……大さじ1 ½
　　トマトケチャップ……小さじ2
　　コンソメ（顆粒）……小さじ ¼
　　黒こしょう……適量

安くてウマい庶民の味方

混ぜるだけだから超簡単！

ラクラク

アレンジ
タバスコをかけて
辛味をつけても。

作り方

1 豚肉は塩をして耐熱容器に入れ、水を加える。

2 ラップをして（a）3分加熱する。

3 容器の水分を捨て、Aを加えて（b）混ぜる。好みで
ドライパセリをふる。

POINT
●肉はほぐして入れ、か
たくならないように水
を加えて加熱します。

a

b

26

和食の定番も
レンジ先生に
おまかせ！

肉じゃが

材料（1〜2食分）

じゃがいも（皮つきで一口大に切る）……2個（320g）
玉ねぎ（薄切り）……¼個（50g）
豚バラ薄切り肉（一口大にちぎる）……120g
A 麺つゆ（3倍濃縮）……大さじ3
　酒……大さじ1½
　砂糖……小さじ1
万能ねぎ（小口切り）……適量

作り方

1 耐熱容器に野菜を入れて肉をのせ、**A**を加える。

2 ラップをして（**a**）6分加熱し、全体を混ぜて（**b**）再び3分加熱する。

3 よく混ぜ、ねぎを散らして好みで七味唐辛子をふる。

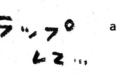

POINT

● 加熱後に一度冷ますと、より味がしみておいしいです。
● じゃがいもの皮は好みでむいても。

a

b

ウマウマ

キャベツの甘みと
肉のうまみのハーモニー!

豚キャベツの
重ね酒蒸し 低

材料(1〜2食分)

キャベツ(太めのせん切り)……220g
豚バラ薄切り肉……130g
A 酒……大さじ2
　白だし……小さじ2
　ごま油……大さじ1
万能ねぎ(小口切り)・煎りごま(白)……各適量

作り方

1 耐熱容器にキャベツと豚肉を交互に重ね(a)、Aを
加える。

2 ラップをして(b)5分加熱する。

3 よく混ぜ、ねぎとごまをかける。

POINT

● キャベツ、豚肉の順に交互に重
ねます。
● 火の通りにムラが出ないように
豚肉は1枚ずつ広げます。
● 食べるときに好みで塩をふって。

a　　　　　b

ラップ
して…

600 **W**
4 分

おいしい

低

もやしがシャキシャキ！

やみつきになる辛さ

炎の…

材料（1〜2食分）

もやし……1袋（200g）
豚バラ薄切り肉……120g
中華スープの素（ペースト）……小さじ1
A ごま油……小さじ2
　一味唐辛子……小さじ½

1 耐熱容器に中華スープの素を入れ、もやしと豚肉を交互に重ねる（**a**）。

2 Aを加え、ラップをして（**b**）4分加熱する。

3 よく混ぜ、好みで酢をまわしかける。

POINT

● 中華スープの素は全体に浸透するように容器の底に入れて。

● もやし、豚肉の順に重ね、加熱ムラが出ないように肉は1枚ずつ広げます。

チン

a

b

しょうがの食感も
アクセント！

一口ポークジンジャー 低

材料（1食分）

A 豚ロース厚切り肉（一口大に切る）……120g

　玉ねぎ（薄切り）……¼個（50g）

　しょうが（せん切り）……5g

B しょうゆ……大さじ1

　みりん……大さじ1

　うまみ調味料……2ふり

作り方

1 耐熱容器にAを入れ、Bを加えてもみ込む。

2 ラップをして（a）3分30秒加熱する。

a

ラップして…

POINT

● 肉や玉ねぎに調味料をもみ込み、なじませてから加熱します。

● おろししょうがではなく、せん切りで存在感を。

さけ

600 W
4 分

シートで包むだけ！
最強のみそバター味

さけのちゃんちゃん蒸し

材料（1食分）

生さけ……1切れ
キャベツ（ざく切り）
　……80g
しめじ（石づきを切り落とし
てほぐす）……1/2袋（50g）
A みそ……大さじ1
　しょうゆ……小さじ1
砂糖……小さじ2
酒……大さじ1
うまみ調味料
　……3ふり
バター……8g
万能ねぎ（小口切り）
　……適量

作り方

1 クッキングシートにキャベツ、しめじ、さけを順に
のせ、混ぜたAをかける（a）。

2 両端をねじって包み（b）、4分加熱する。バターを
のせ、ねぎをかける。

a

b

POINT

● 調味料は混ぜておき、みそをしっかり溶かします。
● 塩さけで作ってもOK。その場合は各調味料の
　分量を少し減らして。

グルグル

31

たまらん！

600W

3分

見よ、この完成度！

ふっくら柔らか！

ぶりの煮つけ

材料（1〜2食分）

ぶり……2切れ（160g）
A 麺つゆ（3倍濃縮）……大さじ2
　酒……小さじ1
　砂糖……小さじ1
　しょうが（せん切り）……5g

POINT

● 加熱しすぎないのが
　コツ。表裏1分30秒
　ずつで、ふっくら仕
　上がります。

作り方

1 耐熱容器にぶりを入れ、混ぜたAを加えてからめる。

2 ラップをして (a) 1分30秒加熱し、裏返して(b)再び1分30秒加熱する。

ラク
ラク

a

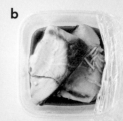

b

健康的なのに
\\背徳のウマさ！//

秒で作れる
副菜

2章

キャベツと納豆の食べるスープ (低)

POINT
● キャベツは太めのせん切りにすると、ほどよく食感が残って◎。

600W **5**分

二日酔いにも嬉しい ホカホカ 嬉しい

材料（1食分）
キャベツ（太めのせん切り）……⅛個（100g）
納豆……1パック
水……180ml
みそ……小さじ1½
白だし……小さじ2

作り方
1 耐熱容器にすべての材料を入れる。
2 ラップをして(a)5分加熱し、混ぜる。

a

アレンジ
七味唐辛子や黒こしょうをふっても。

キャベツの温製シーザーサラダ (低)

POINT
● 温かい野菜に冷たいドレッシングをかけるのがポイント。

600W **3**分

想像を超えるウマさ！

材料（1〜2食分）
キャベツ（太めのせん切り）……¼個（200g）
塩……1つまみ
ベーコン（細切り）……40g
A 豆乳（無調整）……大さじ2
　マヨネーズ……大さじ2
　コンソメ（顆粒）……小さじ⅔
　粉チーズ……大さじ1
　黒こしょう……少々
　塩……1つまみ
黒こしょう……適量

作り方
1 耐熱容器にキャベツを入れて塩をふり、ベーコンを加える。ラップをして(a)3分加熱する。
2 Aを混ぜて(b)1にかけ、黒こしょうをふる。

a

b

アレンジ
クラッカーやクルトンも合う。ドレッシングは他の野菜にかけても。

ピーマンの ⑭ ブシマヨあえ

POINT
● ピーマンの種も栄養
があっておいしいの
で一緒に入れます。

600w
3分

削り節が
ツナのよう！

ウマい！

材料（1食分）
ピーマン（せん切り）……3個（130g）
A マヨネーズ……大さじ1½
　麺つゆ（3倍濃縮）……小さじ1
　塩……1つまみ
　削り節……4g

作り方
1 耐熱容器にピーマン
を入れ、ラップをし
て（a）3分加熱する。

2 Aを加え（b）、よく混
ぜる。

a

b

チン！

丸ごとピーマンの 肉巻き ⑭

POINT
● ピーマンは丸ごと加熱
すると甘みが出ます。
種まで食べられます。

600w
5分

柔らかくて
ジューシー！

材料（1食分）
ピーマン……大3個（130g）
豚バラ薄切り肉……75g
焼肉のたれ……大さじ1強

作り方
1 ピーマンに豚肉を巻きつけ
る。耐熱皿に入れ、焼肉のた
れをかける。

2 ラップをして（a）5分加熱し、
好みで黒こしょうをふる。

ウマウマ

a

ブロッコリーの クリームチーズあえ （低）

600 W **2**分**30**秒

あえるだけでシーザー風！

材料（1～2食分）

ブロッコリー（小房に切り分ける）……1株（正味200g）
A クリームチーズ……50g
　コンソメ（顆粒）……小さじ1弱
　塩……少々
　黒こしょう……適量

作り方

1 耐熱容器にブロッコリーを入れ、ラップをして（a）2分30秒加熱する。

2 Aを加え（b）、よく混ぜる。好みで黒こしょうをふる。

POINT

● クリームチーズは低糖質だから、たっぷり使っても安心。

a

b

ブロッコリーの かにかま餡 （低）

600 W **3**分**20**秒～**30**秒

手軽な中華風おかず

材料（1～2食分）

A ブロッコリー（小房に切り分ける）……小1株（170g）
　かに風味かまぼこ（裂く）……3本（25g）
　水……90ml
中華スープの素（ペースト）……小さじ1弱
B 片栗粉……小さじ1弱
　水……小さじ2弱

作り方

1 耐熱容器に中華スープの素を入れてAを加え、ラップをして（a）2分40秒加熱する。

2 ブロッコリーを取り出し、合わせたBを容器に加えて混ぜる（b）。ラップをせずに40～50秒、とろみがつくまで加熱し、ブロッコリーにかける。

POINT

● 中華スープの素は全体に浸透するように容器の底に入れます。
● 水溶き片栗粉を加えたら、状態を見ながら加熱時間を調整して。

a

b

チン！

ほうれん草の みそバター蒸し

POINT
● 味がぼやけるので、ほうれん草の水気はしっかりきって。

600W **3**分

主役も張れるヤツです

ウマい！

材料（1〜2食分）
ほうれん草（洗って4等分）……1束（200g）
ベーコン（細切り）……40g
A みそ……小さじ2
　バター……10g
　うまみ調味料……4ふり
　砂糖……小さじ1/3
黒こしょう……適量

作り方
1 耐熱容器に水気をきったほうれん草、ベーコン、Aを入れる。
2 ラップをして（a）3分加熱し、よく混ぜて黒こしょうをふる。

ウマウマ

a

ほうれん草とひき肉の コンソメじょうゆ 低

600W **5**分

栄養満点で満足度大！

材料（1〜2食分）
ほうれん草（洗って4等分）……1束（200g）
豚ひき肉……80g
A コンソメ（顆粒）……小さじ1弱
　しょうゆ……小さじ1
　オリーブ油……小さじ1 1/2
　黒こしょう……適量

作り方
1 耐熱容器に水気をきったほうれん草、ひき肉、Aを入れる。
2 ラップをして（a）5分加熱し、肉をほぐしながらよく混ぜる。

POINT
● ひき肉は上にのせ、うまみをほうれん草にしみ込ませます。

チン！

a

キャロット ⓛ コンソメレモン

たまらん！

トップクラスのウマさ

600w
3分**20**秒

材料（1〜2食分）

にんじん（皮つきでせん切り）……1本（160g）
A ツナ缶（油をきる）……1缶（70g）
　オリーブ油……小さじ2
　コンソメ（顆粒）……小さじ1強
　塩……1つまみ
B レモン汁……小さじ1
　黒こしょう……適量

作り方

1　耐熱容器ににんじんとAを入れてラップをし（a）、3分20秒加熱する。

2　Bを加えて混ぜ、好みでドライパセリをふる。

a

ウマウマ

たれツナじゃが

ツナが肉のような存在感！

ウマい！

600w
9分

材料（2食分）

A じゃがいも（皮つきで一口大に切る）……大2個（360g）
　焼肉のたれ……大さじ4
　酒……大さじ2
ツナ缶……1缶（70g）
黒こしょう……適量

作り方

1　耐熱容器にAとツナ缶（油ごと）を入れ、ラップをして（a）9分加熱する。

2　黒こしょうを混ぜ、好みで万能ねぎをのせる。

POINT
● じゃがいもは好みで皮をむいても。
● いもがくずれてもよいので、加熱後はよく混ぜて。

a

チン！

なす

無限なす 低

POINT
● 丸ごとレンチンで簡単に蒸しなすができます。

600W 3分

トロトロで超ウマい！

材料（1〜2食分）

なす……2本（200g）
A 塩……小さじ⅕
　うまみ調味料……3ふり
　黒こしょう……適量
　ごま油……小さじ2
　しらす……20g

作り方

1 なすは1本ずつラップに包み(a)、3分加熱する。

2 冷水で冷まし(b)、ヘタを切り、手で縦に裂く。Aと混ぜ合わせる。

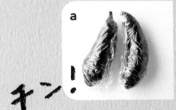

チン！

a　b

なすボロネーゼ 煮込み 低

POINT
● ひき肉は一番上に。肉のうまみを野菜にしみ込ませます。

600W 7分

圧倒的クオリティ！

ウマい！

材料（1〜2食分）

A なす（1cm幅の輪切り）
　……2本（200g）
　玉ねぎ（薄切り）……⅛個（25g）
　にんにく（粗みじん切り）……1片
　トマト缶（軽くつぶす）
　……½缶（200g）
　豚ひき肉……100g
B コンソメ（顆粒）……小さじ2
　オリーブ油……大さじ1
　塩・こしょう……各適量

作り方

1 耐熱容器にAを上から順に入れ、Bを加える。ラップをして(a)7分加熱する。

2 よく混ぜ、好みでドライパセリをふる。

アレンジ
ご飯にのせたり、パスタにからめても。

ラップして…

a

エリンギユッケ 低

POINT
● エリンギは手で裂くと味がしみやすくなります。

600 W
2分

ご飯も酒も止まらない！

アツアツ

材料（1食分）
エリンギ（細かく裂く）……1パック（100g）
A 焼肉のたれ……小さじ2
┃みそ……小さじ2/3
┃うまみ調味料……2ふり
┃ごま油……小さじ1/2
卵黄……1個分
ラー油・万能ねぎ（小口切り）……各適量

作り方
1 耐熱容器にエリンギを入れてラップをし（a）、2分加熱する。

2 容器にたまった水を捨て、Aを混ぜる。卵黄をのせ、ラー油、ねぎをかける。

アレンジ
ご飯にのせて丼に。辛いのが好きならコチュジャンを混ぜても。

a

ウマウマ

エリンギ 低 玉ねぎソース

POINT
● 縦に薄切りにするとエリンギ独特の食感が味わえます。

600 W
3分

抜群の食べごたえ！

材料（1〜2食分）
エリンギ（縦に薄切り）……1パック（100g）
玉ねぎ（みじん切り）……1/4個（50g）
にんにく（みじん切り）……1片
バター……10g
コンソメ（顆粒）……小さじ1/2
しょうゆ……小さじ1 1/2
塩・こしょう……各少々

作り方
1 耐熱容器にすべての材料を入れる。

2 ラップをして（a）3分加熱し、混ぜて好みでドライパセリをふる。

アレンジ
ソテーした肉にかけて食べても。

a

チン！

無限えのき

600W
3分

POINT
- にんにくを加えると、えのき独特の臭いが消えて食べやすくなります。

食感がたまらない！

材料（1～2食分）
えのきだけ（根元を切り落として3等分）……1袋（200g）
A おろしにんにく……1片分
塩……小さじ⅓
うまみ調味料……5ふり
ごま油……小さじ2
黒こしょう……適量

作り方
1 耐熱容器にえのきとAを入れ、ラップをして(a)3分加熱する。

2 ごま油、黒こしょうを混ぜる。

チン！

豚バラしめじの
オリーブオイル蒸し煮

600W
3分

ポン酢でさっぱりと！

材料（1食分）
しめじ（石づきを切り落としてほぐす）……1袋（100g）
豚バラ薄切り肉……100g
A 塩……少々
オリーブ油……大さじ1
万能ねぎ（小口切り）……適量
ポン酢しょうゆ……適量

作り方
1 耐熱容器にしめじ、豚肉を順に入れ、Aを加える。

2 ラップをして(a)3分加熱し、ねぎをのせてポン酢をかける。

POINT
- 火の通りにムラが出ないように豚肉は1枚ずつ広げて並べます。

ラクラク

41

玉ねぎの白だし明太バター

600W **4**分

玉ねぎ1個を ペロリ！

材料（1〜2食分）

玉ねぎ（薄切り）……1個（250g）
明太子（中身を出してほぐす）
……25g
白だし……大さじ1
バター……10g

作り方

1 耐熱容器にすべての材料を入れる。

2 ラップをして（a）4分加熱し、よく混ぜる。

ウマウマ

POINT

● バターは上にのせ、全体に行き渡らせます。
● 玉ねぎはレンジで蒸すと甘みが引き立ちます。

a

冷凍里芋のねぎまみれ

600W **8**分

POINT

● 加熱後によく混ぜると、里芋の角が崩れてソース状になります。

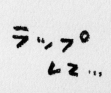

一体感が素晴らしい！

ラップして…

材料（1〜2食分）

里芋（冷凍）……280g
A 長ねぎ（小口切り）
　……½本（60g）
　中華スープの素
　（ペースト）
　……小さじ1弱
　ごま油……大さじ1
黒こしょう
……適量

作り方

1 耐熱容器に里芋を入れ、ラップをして（a）5分加熱する。

2 容器にたまった水を捨て、Aを加え、ラップをして（b）3分加熱する。よく混ぜ、黒こしょうをかける。

a

b

チン！

卵

半熟チーズ卵とじ 低

POINT
● 卵は1個ずつ溶き、2回に分けて加えます。白身が残る程度に軽く溶けばOK。

600W 3分20秒

口の中でとろける！

材料（1食分）

卵（軽く溶きほぐす）……2個
A 水……70ml
　白だし……小さじ2½
ピザ用チーズ……35g
黒こしょう……適量

作り方

1 耐熱ボウルにAを入れ、卵の半量を加えて軽く混ぜ、ラップをして（a）2分加熱する。

2 残りの卵とチーズを加え、ラップをして（b）1分20秒加熱する。黒こしょうをかけ、好みでドライパセリをふる。

a

b

ラップして…

春雨

春雨サラダ

POINT
● 味が薄まらないように水をしっかりきります。

600W 3分30秒

おなじみの中華味

材料（1～2食分）

春雨（乾燥。容器に入れやすいように水で濡らす）……30g
水……120ml
A 麺つゆ（3倍濃縮）
　……大さじ1
　酢……大さじ1
　ごま油……大さじ1
　砂糖……1つまみ
　きゅうり（せん切り）
　……½本
　ハム（細切り）
　……4枚
煎りごま（白）・ラー油
……各適量

作り方

1 耐熱容器に水と春雨を入れ（a）、ラップをせずに3分30秒加熱する。

2 容器の水を捨て、Aを加えて（b）よく混ぜる。ごま、ラー油をかける。

a

b

チン！

ローリングブリトー ハムチーズ

600W **1**分

ジュワッと
チーズがあふれる

たまらん！

材料（1食分）

春巻きの皮（2枚重ねて半分に切る）……2枚
ハム……4枚
スライスチーズ……2枚

アレンジ
ピリ辛にしたいときは、タバスコやゆずこしょうをかけても。

作り方

1 春巻きの皮にハムを並べてチーズを手前にのせ（**a**）、手前から巻く（**b**）。

2 手を水で濡らして軽くにぎり、皮の表面を濡らす。耐熱容器に入れ、ラップをして1分加熱する。好みでドライパセリをふる。

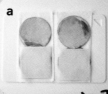

ウマウマ

POINT
● 春巻きの皮は2枚重ねにし、ボリュームアップ。
● 皮の表面を水で濡らすと乾燥せず、ふっくら仕上がります。
● 時間が経つとかたくなるので早めに食べて。

フィンガー ブリトー

600W **1**分

おやつや
おつまみに

材料（1〜2食分）

春巻きの皮（2枚重ねて半分に切る）……4枚
ウインナーソーセージ……4本
ピザ用チーズ……32g

作り方

1 春巻きの皮にチーズ8g、ウインナーを1本ずつのせ、手前から巻く（**a**）。

2 手を水で濡らして軽くにぎり、皮の表面を濡らす。耐熱皿に並べ、ラップをして1分加熱する。好みでケチャップを添え、ドライパセリをふる。

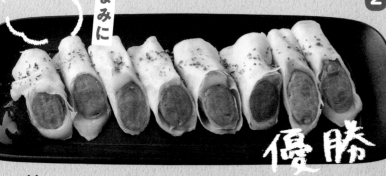

優勝

チン！

夜遅でも
罪悪感皆無の

痩せおかず

3章

おいいいいい

600W **5**分

肉汁を吸って超ジューシーシュウマイだ!

しいまい (低)

材料(1食分)

生しいたけ(軸を切り落とす)……5個
A 豚ひき肉……150g
　玉ねぎ(みじん切り)……1/4個(50g)
　中華スープの素(ペースト)……小さじ1/3
　塩・こしょう……各少々
　片栗粉……小さじ2
　酒……大さじ1
練りからし・しょうゆ……各適量

POINT
● 肉だねは山を作るようにこんもりと詰めます。
● 肉の臭いが気になる方は、Aにおろししょうがを加えても。

作り方

1 ボウルにAを入れてよく混ぜ、しいたけの傘の裏に詰める。

2 耐熱皿に並べ、ラップをして(a)5分加熱する。

3 好みで万能ねぎをかけ、からし、しょうゆで食べる。

a

ラップして…

600^W

3分

ご飯がすすむ！
魅惑の旨辛スープ

たまらん！

ハハ

納豆チゲスープ 低

材料（1食分）

A 納豆……1パック
　白菜キムチ……80g
　納豆付属のたれ……1袋
　みそ……小さじ1
　白だし……小さじ1
　水……130ml
ごま油……小さじ1

POINT
● 加熱後によく混ぜ合わせ、
　みそをしっかり溶かします。

作り方

1 耐熱容器にAを入れ（a）、ラップをせずに3分加熱する。

2 よく混ぜ、ごま油をかける。

チン！
ラクラク

a

青梗菜の和風 ⑤ ペペロンチーノ

材料（1～2食分）

青梗菜（ざく切り）……2株（200g）
ベーコン（細切り）……50g
にんにく（粗みじん切り）……1片
赤唐辛子（小口切り）……1本
白だし……小さじ4
オリーブ油……大さじ1

オススメ

シャキッと食感が美味！

おかずにもおつまみにも

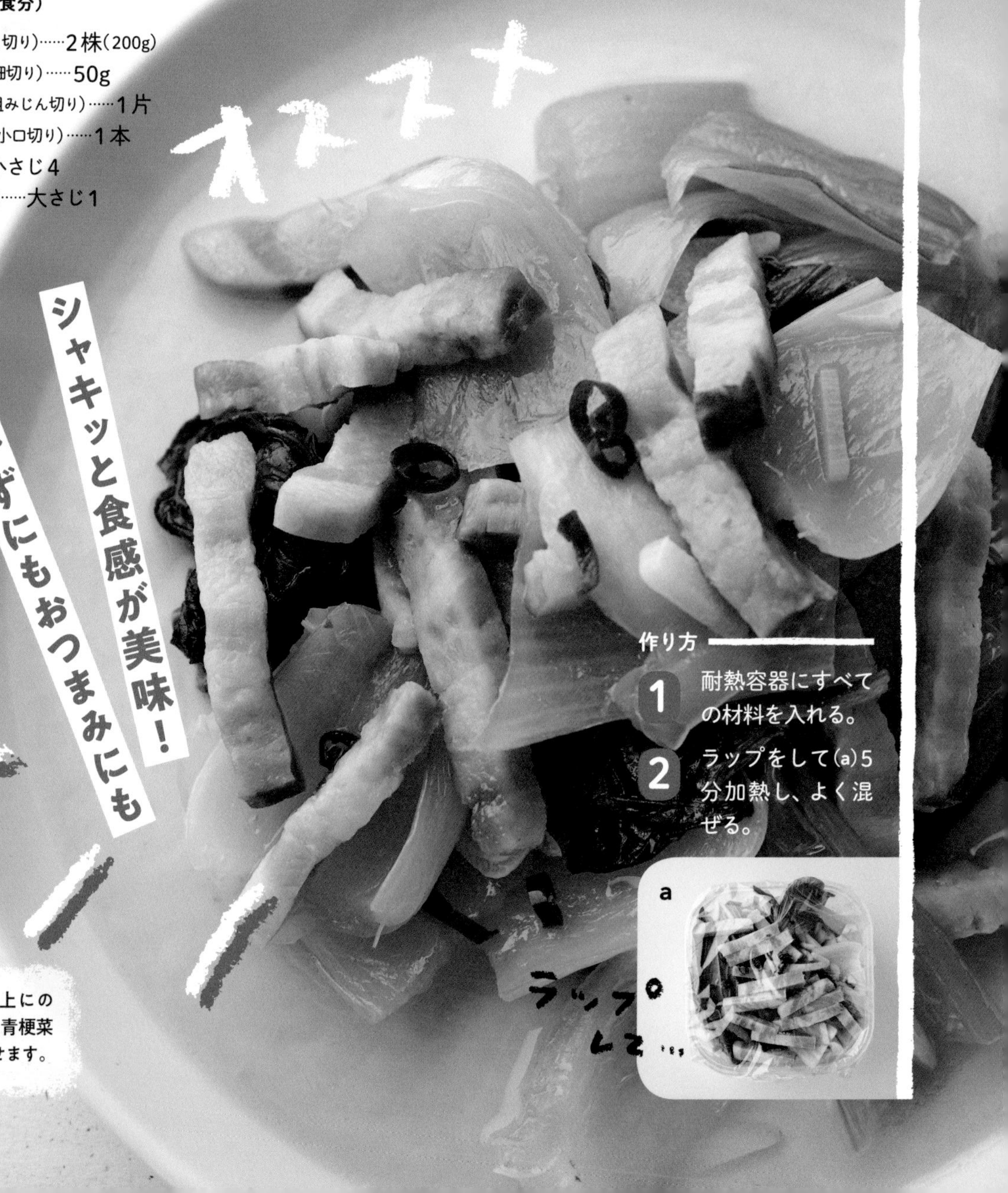

作り方

1 耐熱容器にすべての材料を入れる。

2 ラップをして(a)5分加熱し、よく混ぜる。

a

ラップ
して…

POINT

● ベーコンを上にのせ、うまみを青梗菜にしみ込ませます。

48

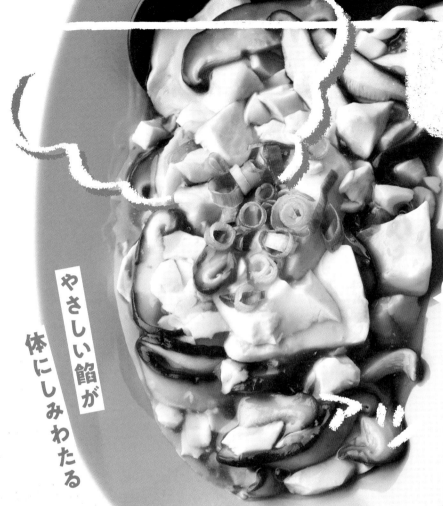

600 W
3 分

アレンジ
しいたけの代わりにエリンギなど他のきのこでも。

アツ
ツ

やさしい餡が
体にしみわたる

豆腐のしいたけ餡 低

材料（1～2食分）

絹ごし豆腐（一口大にちぎる）……150g
A 生しいたけ（軸を切り落として薄切り）
　　……3個（70g）
　　しょうゆ……小さじ1
　　白だし……小さじ4
　　酒……大さじ1
　　水……大さじ2
　　砂糖……小さじ1/3
片栗粉……小さじ1 1/2

POINT
● 豆腐は手でちぎると味がしみやすい。くずれないように上にのせます。

作り方

1 耐熱容器にAを入れ、ちぎった豆腐をのせてラップをし（a）、3分加熱する。

2 片栗粉を同量の水（分量外）で溶いて熱いうちに加え、とろみがつくまで混ぜる。好みで万能ねぎを散らす。

a

チン！

49

600W

2分**20**秒

このうえなく香り高い！

さっぱり上品な味

低

ウーロン茶碗蒸しスープ

材料（1食分）

卵……1個
A 烏龍茶……120ml
│ 白だし……大さじ1強
B かに風味かまぼこ（裂く）……3本（25g）
│ 万能ねぎ（小口切り）……大さじ2

作り方

1 ボウルに卵を溶きほぐし、Aを加えて混ぜ（a）、Bも混ぜる。

2 耐熱のカップに入れ、表面の泡をスプーンで取る。

3 ラップをして（b）2分加熱する。様子を見ながら、表面がかたまるまで20秒ほど加熱する。

POINT
● 表面はかたまっても、中をすくうとスープ状になっています。

ラク
ラク

a

b

たまらん！

600 W
5分30秒

水を1滴も使わない！
塩かポン酢でどうぞ

白菜豚バラレンジ鍋 低

材料（1〜2食分）

A 白菜（ざく切り）……250g
　にんにく（みじん切り）……1片
　豚バラ薄切り肉……130g
　酒……大さじ1 1/2
　白だし……大さじ1
煎りごま（白）……適量
万能ねぎ（小口切り）……適量

作り方

1 耐熱容器にAを上から順に入れる。

2 ラップをして(a)5分30秒加熱する。

3 よく混ぜ、ごまとねぎをかける。

POINT
● 豚肉は1枚ずつ広げて上にのせ、うまみを白菜にしみ込ませます。

a

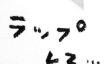

きのこの オイル煮 低

POINT
● きのこを入れてから調味料を加えて。作りおきにもおすすめ。

600W 4分

お手軽
アヒージョ

ラクラク

材料（1〜2食分）

しめじ（石づきを切り落としてほぐす）……1袋（100g）
舞茸（ほぐす）……1パック（100g）
にんにく（みじん切り）……1片
赤唐辛子（小口切り）……1本
コンソメ（顆粒）……小さじ1
オリーブ油……大さじ2

アレンジ
パスタにからめたり、バゲットにのせても。

作り方

1 耐熱容器にすべての材料を入れる。

2 ラップをして（ａ）4分加熱し、よく混ぜる。

ラップして…

a

マッスル ホットサラダ 低

POINT
● 鶏肉はレンチン後に放置し、余熱で中まで火を通します。
● 肉を一番上にのせ、うまみをブロッコリーにしみ込ませます。

600W 7分30秒

大満足の
ボリューム！

材料（2食分）

鶏むね肉（常温にもどす）……1枚（300g）
塩……小さじ¼
A　ブロッコリー（小房に切り分け、茎は薄切り）……1株（250g）
　　にんにく（みじん切り）……1片
　　中華スープの素（ペースト）……小さじ1
黒こしょう……適量

作り方

1 鶏肉に塩をすり込む。耐熱ボウルにAを入れ、肉をのせる。

2 ラップをして（ａ）7分30秒加熱し、そのまま5分おく。鶏肉を一口大に切って戻し、よく混ぜて黒こしょうをふる。

チン！

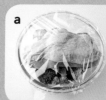

a

たまらん！

肉詰めいなり

肉汁があふれる！

ウマイ！

POINT
● 肉だねは隅までしっかり詰めて。均等に火が通るように手で押さえて平らにします。

600W
6分

材料（1～2食分）

油揚げ（半分に切る）……2枚
A 豚ひき肉……200g
　長ねぎ（みじん切り）……½本（60g）
　おろししょうが……10g
　塩……小さじ¼
　黒こしょう……適量
B 麺つゆ（3倍濃縮）……大さじ3
　水……大さじ3
　砂糖……小さじ1½

作り方

1 ボウルにAを入れてよく混ぜ（a）、油揚げを袋状に開いて詰める。

2 耐熱皿に入れて混ぜたBをかけ、ラップをして（b）6分加熱する。たれをからめ、好みで練りからしを添える。

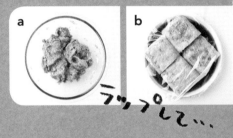

ラップして…

塩油豆腐 低

熱々の豆腐で呑める！

ススメ

POINT
● 豆腐は木綿豆腐でも作れます。手でちぎると味がしみやすい。

600W
3分**30**秒

材料（1食分）

絹ごし豆腐……150g
A 白だし……大さじ1
　みりん……大さじ½
　酒……大さじ½
　おろしにんにく……½片分
ごま油……大さじ1
B 揚げ玉・万能ねぎ（小口切り）・黒こしょう……各適量

作り方

1 耐熱皿にAを入れ（a）、ラップをせずに1分加熱する。

2 豆腐をちぎって加えてごま油をかけ（b）、ラップをせずに2分30秒加熱する。Bをかける。

チン！

白滝とキャベツとベーコンのオイルパスタ風 (低)

600 W **4**分

プリプリの食感が絶品！

ウマい！

材料（1〜2食分）

A 白滝（ぬるま湯で洗い、水気を絞る）……200g
　キャベツ（一口大に切る）……60g
　ベーコン（細切り）……50g
　コンソメ（顆粒）……小さじ1
　しょうゆ……小さじ1
　オリーブ油……大さじ1
塩・こしょう……各適量

作り方

1 耐熱容器にAを入れ（a）、ラップをせずに4分加熱する。

2 塩、こしょうをし、よく混ぜる。好みで黒こしょうをふる。

チン！

a

POINT
● 白滝はぬるま湯で洗って臭みを取ります。

もやしとハムの中華風 (低)

600 W **3**分

味もコスパも最高！

優勝

POINT
● 調味料を加える前に、もやしから出た水分をしっかりきって。

材料（1〜2食分）

もやし……1袋（200g）
ハム（細切り）……4枚
A しょうゆ……大さじ1
　酢……大さじ1
　ごま油……大さじ1
　砂糖……大さじ1/2
　うまみ調味料……4ふり
　塩・こしょう……各適量

作り方

1 耐熱容器にもやし、ハムの順に入れ、ラップをして（a）3分加熱する。

2 容器にたまった水を捨て、Aを混ぜる。

ラップして…

a

ニラ玉スープ 低

POINT
● 耐熱容器で作って
カップに注いでも。

600W
3分

ふんわり卵が
やさしい

天才！

材料（1食分）
卵……1個
A ニラ（小口切り）……¼束（25g）
白だし……大さじ1弱
水……120ml
黒こしょう……適量

作り方

1 耐熱のマグカップに卵を割り入れ、**A**を加えて混ぜ、水も加えて混ぜる（a）。

2 ラップをせずに3分加熱し、混ぜて黒こしょうをふる。

ラク
ラク

a

めかぶの 低
中華スープ

POINT
● めかぶでスープに
とろみがつきます。

600W
2分**30**秒

するする
飲んじゃう！

オススメ

材料（1食分）
A めかぶ（味つき）
……1パック（40g）
中華スープの素（ペースト）
……小さじ½
水……180ml
ごま油……小さじ1
黒こしょう……適量

作り方

1 耐熱のマグカップに**A**を入れ（a）、ラップをせずに2分30秒加熱する。

2 よく混ぜてごま油をかけ、黒こしょうをふる。好みで万能ねぎをのせる。

チン！

a

インスタントより手軽！
世界一簡単な

麺・ご飯

4章

薄切り
チャーシュー丼

600 W
2分**30**秒

速攻で味がしみる！

至福の一皿が完成

材料（1食分）

ご飯（温かいもの）……200g
豚バラ薄切り肉……120g
A しょうゆ……大さじ2
　 みりん……小さじ2
　 酒……小さじ2
　 うまみ調味料……2ふり
　 砂糖……1つまみ
半熟卵……1個
万能ねぎ（小口切り）……適量

作り方

1 耐熱容器に豚肉を入れ、**A**を加えてもみ込む。

2 ラップをして（a）2分30秒加熱する。

3 混ぜてご飯に汁ごとかけ、半熟卵、ねぎをのせる。

a

POINT

● 味がしみるように調味料を肉にもみ込んでから加熱します。

アレンジ
七味唐辛子をかけたり、練りからしを添えても。

57

豆板醤なしで中華風に！

刺激的な辛さがくせになる

マーボーカレー

材料（1食分）

ご飯（温かいもの）……200g
A 豚ひき肉……80g
　絹ごし豆腐（さいの目切り）……150g
　長ねぎ（みじん切り）……¼本（30g）
　みそ……小さじ2½
　砂糖……小さじ1

水……80ml
一味唐辛子……小さじ½
おろしにんにく……½片分
カレールウ……1片
ラー油……小さじ1
サラダ油……小さじ1

作り方

1 耐熱容器にAを入れ、ラップをして(a)5分加熱する。

2 よく混ぜ合わせ、ご飯にかける。

POINT

● 加熱後はしっかり混ぜ、ルウを全体に行き渡らせます。
● 辛さは好みで調整。辛いのが苦手な方は一味唐辛子を抜いてもOK。

ラップして…

たまらん！

缶詰で作れちゃう

極上のシーフードカレー

無水さば缶キーマカレー

材料（2食分） ＊ご飯と卵黄は1食分

ご飯（温かいもの）……200g
さば缶（水煮）……1缶（190g）
玉ねぎ（みじん切り）……½個（120g）
A 酒……大さじ1½
　おろしにんにく……1片分
　砂糖……小さじ1
　ウスターソース……小さじ2
　カレールウ……2片
　バター……20g
卵黄……1個分

POINT
● 水は使わず、さば缶と酒の水分だけ。
　うまみたっぷりの缶汁で味に深みを。

作り方

1 耐熱容器にさばを缶汁ごと入れ、身をほぐす。玉ねぎとAを加える。

2 ラップをして(a)5分加熱する。

2 よく混ぜてご飯にかけ、卵黄をのせ、好みでドライパセリをふる。

a

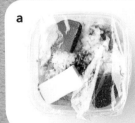

ラク
ラク

600w **3**分**30**秒

包まなくていい！食べれば餃子！

ぎょうざ丼

材料（1食分）

ご飯（温かいもの）……200g
A 豚ひき肉……80g
　ニラ（小口切り）……½束（50g）
　酒……大さじ1
　塩……2つまみ
　こしょう……少々
　うまみ調味料……4ふり
卵黄……1個分
しょうゆ・酢・ラー油……各適量

POINT
● 加熱後、肉をほぐしながらよく混ぜます。

作り方

1 耐熱容器に**A**を入れ、ラップをして(a)3分30秒加熱する。

2 よく混ぜ合わせ、ご飯にのせる。

3 卵黄をのせ、しょうゆ、酢、ラー油をかける。

a

たまら

安定のねぎ塩味！
レモンであと味さっぱり

アレンジ
ラー油かごま油を
かけても。

ねぎ塩豚レモン丼

材料（1食分）

ご飯（温かいもの）……200g
豚バラ薄切り肉（一口大にちぎる）……100g
A 長ねぎ（小口切り）……½本（60g）
　中華スープの素（ペースト）……小さじ1弱
　酒……大さじ1½
　塩……少々
　黒こしょう……適量
レモン汁……小さじ1弱

POINT

● 豚肉は火の通りにムラが出ないように広げて入れます。
● レモン汁は風味がとばないように加熱後に混ぜます。

作り方

1 耐熱容器にAを入れ、豚肉をのせる。

2 ラップをして（a）5分加熱する。

3 レモン汁を混ぜ、ご飯にのせて好みで黒こしょうをふる。

ラクラク

a

600w

1分30秒

異次元のウマさ！
まるで生チャーハン

トロトロ〜

アレンジ
ラー油やレモン
汁をかけても。

塩油飯

材料（1食分）

ご飯（温かいもの）……200g

A にんにく（粗みじん切り）……1片
　　ごま油……大さじ1
　　みりん……小さじ2
　　酒……小さじ2
　　白だし……大さじ1½

卵黄……1個分

万能ねぎ（小口切り）……適量

作り方

1 耐熱容器にAを入れ（a）、ラップをせずに1分30秒加熱する。

2 ご飯を加え、よく混ぜる。

3 卵黄をのせてねぎを散らし、好みで黒こしょうをふる。

POINT
● レンチンでにんにくの風味を調味料に移します。
● 耐熱の丼で作ると洗いものが減らせます。

グルグル

a

トマゴ雑炊

申し訳ないほどにラク！

ウマい！

チン！

POINT
● 栄養も取れて朝ご飯にもおすすめ。

600W
3分

材料（1食分）
A ご飯（温かいもの）……180g
　トマト（大きめの角切り）
　……½個（70g）
　卵……1個
　水……140ml
　白だし……大さじ2
　塩……少々
オリーブ油……適量

作り方
1 耐熱容器にAを入れてよく混ぜ、ラップをして（a）3分加熱する。

2 オリーブ油をまわしかけ、好みでドライパセリをふる。

a

ベーコンペッパー
エッグおにぎり

胃袋を驚づかみ！

優勝

600W
1分**30**秒〜**2**分

材料（1食分）
ご飯（温かいもの）……200g
ベーコン（細かく刻む）
……35g
卵……1個
A バター……8g
　しょうゆ……小さじ1
　塩……少々
　黒こしょう……多め
　うまみ調味料……1ふり

作り方
1 耐熱容器に卵を溶きほぐし、ベーコンを加えて軽く混ぜる（a）。

2 ラップをせずに1分30秒〜2分加熱する。ご飯とAを加えてよく混ぜ、おにぎりを作る。好みで黒こしょうをふる。

POINT
● 卵に火が通るまで、様子を見ながら加熱時間は調整して。

a

チン！

アツアツ

うまみが凝縮！

洋食屋さんの味

濃厚ポークハヤシライス

材料（1～2食分）

ご飯（温かいもの）……200g
豚バラ薄切り肉……80g
玉ねぎ（薄切り）……1/4個（50g）
水……90ml
ウスターソース……小さじ1 1/2
バター……5g
ハヤシライスのルウ……1片

作り方

1 耐熱容器にご飯以外の材料を入れる。

2 ラップをして（a）5分加熱する。

3 よく混ぜ、ご飯にかけて好みでドライパセリをふる。

a

ラップして

POINT

● バターとルウは全体に行き渡るように、上にのせます。
● ルウはハウス食品「完熟トマトのハヤシライスソース」を使用。

優勝！

ウマすぎる作り方を見つけてしまいました

世界一簡単な牛丼

材料（1食分）

ご飯（温かいもの）……200g
牛バラ薄切り肉……100g
玉ねぎ（薄切り）……1/4個（50g）
A 麺つゆ（3倍濃縮）……大さじ1
　　焼肉のたれ……大さじ1
紅しょうが……20g
万能ねぎ（小口切り）……適量

POINT

● 麺つゆと焼肉のたれだけで、驚くほど牛丼の味に。

作り方

1 耐熱容器に牛肉、玉ねぎ、Aを入れ、軽く混ぜる。

2 ラップをして（a）4分加熱する。

3 よく混ぜてご飯にのせ、紅しょうが、ねぎをのせる。

a

600W

3分**40**秒〜**50**秒

半熟の卵と

だしのしみた

油揚げが格別！

ふわ……

衣笠丼
きぬがさ

材料（1食分）

ご飯（温かいもの）……200g
A 油揚げ（短冊切り）……1枚
　長ねぎ（斜め薄切り）……½本（60g）
　水……大さじ4
　白だし……大さじ2
　みりん……大さじ2
　しょうゆ……小さじ1
卵（軽く溶きほぐす）……2個

POINT
● 卵は白身が残る程度に1個
ずつ軽く溶いておきます。2
回に分けて火を通すのがコツ。
● ボウルで作ると丼にきれいに
盛れます。

作り方

1 耐熱ボウルに**A**を入れ、ラップをして（**a**）2分加熱する。

2 卵の半量を加えて軽く混ぜ（**b**）、ラップをして1分加熱する。

3 残りの卵を加え、ラップをして様子を見ながら半熟状になるまで40〜50秒、加熱する。ご飯にのせる。

a　b

ラップ
して

余った卵白の活用に！

タンパク質も豊富です

優勝！

ホワイトチャーハン

材料（1食分）

ご飯（温かいもの）……200g
A 卵白……2個分
　長ねぎ（みじん切り）……1/3本（青い部分）
　塩……小さじ1/3
　うまみ調味料……6ふり
　ごま油……大さじ1
黒こしょう……適量

作り方

1 耐熱容器にご飯とAを入れ、ラップをして（a）3分加熱する。

2 よく混ぜ合わせ、黒こしょうをふる。

POINT

● 卵白は小さなポリ袋などに入れて冷凍可。保存しておけば、いつでも使えます。

a

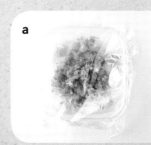

チン！

きのこシチュー リゾット

驚くほど クリーミー！

POINT
● シチューのルウで簡単にリゾット風に。ベーコンときのこから、いいだしが出ます。

600W **2**分**30**秒

材料（1食分）

ご飯（温かいもの）……180g
A しめじ（細かく刻む）
　……50g
　ベーコン（細かく刻む）
　……40g
　水……80ml
　シチュールウ……1片
　バター……10g
　塩・こしょう……各少々
粉チーズ・黒こしょう
……各適量

作り方

1 耐熱容器にAを入れ（a）、ご飯を加える。

2 ラップをして（b）2分30秒加熱する。よく混ぜ、粉チーズ、黒こしょうをかけ、好みでドライパセリをふる。

a　b

ラクラク

ラップして…

カルボチャーハン

卵黄とチーズで濃厚に

POINT
● 熱いうちに粉チーズをご飯に混ぜ込み、好きなだけ追いチーズを。

600W **2**分

材料（1食分）

A ご飯（温かいもの）
　……200g
　ベーコン（細かく刻む）
　……50g
　バター……10g
　塩……少々
B 溶き卵……1個分
　コンソメ（顆粒）
　……小さじ1強
粉チーズ……大さじ1
卵黄……1個分
黒こしょう……適量

作り方

1 耐熱容器にAを上から順に入れ、混ぜたBを加える。

2 ラップをして（a）2分加熱し、粉チーズを加え、よく混ぜる。卵黄をのせて黒こしょうをふり、好みで粉チーズをかける。

a

チン！

たまらん！

ガツガツ食べちゃう！

ツナが立派なごちそうに

ウマウマ

黄金ツナ油飯

材料（1食分）

ご飯（温かいもの）……200g
ツナ缶……1缶（70g）
焼肉のたれ……大さじ2
卵黄……1個分
黒こしょう・万能ねぎ（小口切り）
……各適量

POINT

● うまみが凝縮したツナ缶の
　油も余すことなく使います。
● 焼肉のたれはエバラ「黄金
　の味（中辛）」がおすすめ。

作り方

1 耐熱容器にツナ缶を油ごと入れ、焼肉のたれを加えて混ぜる。

2 ラップをして(a)1分20秒加熱する。

3 ご飯に2と卵黄をのせ、黒こしょう、ねぎをかける。好みでラー油をかける。

a

チン！

600W
10分

チーズなしで納豆でコク出し！

納豆カルボナーラ

材料（1食分）

スパゲッティ（半分に折る）
……100g（1.4mm、ゆで時間が5〜6分のもの）

A 水……240ml

オリーブ油……小さじ2

白だし……大さじ1½

酒……大さじ1

塩……小さじ⅕

ベーコン（細切り）……40g

玉ねぎ（薄切り）……⅛個（25g）

にんにく（粗みじん切り）……1片

バター……10g

ひきわり納豆……1パック

卵黄……1個分

黒こしょう……適量

作り方

1 耐熱容器にスパゲッティを入れ、Aを上から順に加える。

2 ラップをせずに（a）10分加熱する。

3 納豆を混ぜ、卵黄をのせて黒こしょうをふる。

POINT

●粒の細かいひきわり納豆はパスタにからみやすく、食感もなめらか。

a

ホカホカ

600 W
11 分

店の味をマジで再現

にんにくのW使いが肝！

ウマウマ

カプリチョーザ風 トマトにんにくパスタ

材料（1食分）

- **A** スパゲッティ（半分に折る）
  ……100g（1.4mm、ゆで時間が
  5〜6分のもの）
  - 水……180ml
  - サラダ油……大さじ2
  - 玉ねぎ（薄切り）……1/8個（25g）
  - にんにく（粗みじん切り）……2片
  - おろしにんにく……2片分
  - うまみ調味料
    ……小さじ1/2
  - 塩……小さじ1/2
  - 砂糖……小さじ2/3
  - 黒こしょう……適量
- トマト缶
  ……1/2缶（200g）

作り方

1 耐熱容器にAを上から順に入れ（**a**）、トマト缶をつぶしながら加える（**b**）。

2 ラップをせずに8分加熱し、一度混ぜ、再び3分加熱する。

3 よく混ぜ、塩（分量外）で味をととのえる。好みでドライパセリをふる。

POINT

- にんにくとうまみ調味料の量が味の決め手。
- トマト系パスタは粘度が高くなじみにくいので、途中で混ぜ、2回に分けて加熱。

a

b

チン！

しょうゆの香りが広がる

間違いない組み合わせ！

ウマッ！

鶏ねぎ和風ペペロンチーノ

材料（1食分）

スパゲッティ（半分に折る）
……100g（1.4mm、ゆで時間が5〜6分のもの）

A 水……200ml
　オリーブ油……大さじ1
　しょうゆ……大さじ1
　白だし……大さじ1
　酒……小さじ2
　鶏もも肉（小さめの一口大）
　……80g
　長ねぎ（斜め薄切り）……1/3本（40g）
　にんにく（粗みじん切り）……1片
　赤唐辛子（輪切り）……1本

作り方

1 耐熱容器にスパゲッティを入れ、Aを上から順に加える。

2 ラップをせずに（a）10分加熱する。

3 よく混ぜ、好みで七味唐辛子をかける。

POINT

● 加熱後はよく混ぜて。少しパスタがかためでも混ぜるうちに余熱で火が通ります。

チン！

a

明太豆乳クリームパスタ

生クリームなしでも濃厚!

POINT
● 豆乳は加熱しすぎると吹きこぼれやすいので完成直前に加えます。

600W 10分

材料(1食分)

スパゲッティ(半分に折る)……100g(1.4mm、ゆで時間が5〜6分のもの)
A 水……210ml
　塩……1つまみ
　コンソメ(顆粒)……小さじ1½
　バター……10g
豆乳(無調整)……100ml
明太子(皮から出してほぐす)……25g
焼きのり……適量

アレンジ
タバスコをかけても合う。

作り方

1 耐熱容器にスパゲッティを入れ、Aを上から順に加える(a)。

2 ラップをせずに8分加熱し、混ぜて豆乳を加え、再び2分加熱する。明太子を混ぜ、ちぎったのりをのせて好みで万能ねぎを散らす。

ラクラク

a

かぼちゃカルボ

恐ろしいほどにコクウマ

POINT
● かぼちゃは皮のギリギリまで余すことなくスプーンですくいます。
● 溶き卵は常温にしておくと、いい具合に半熟になります。

600W 12分

材料(1食分)

かぼちゃ……110g
A スパゲッティ(半分に折る)……100g(1.4mm、ゆで時間5〜6分のもの)
　水……280ml
　オリーブ油……大さじ1
　塩……2つまみ
　コンソメ(顆粒)……小さじ1½
　ベーコン(細切り)……40g
　にんにく(粗みじん切り)……1片
バター……10g
溶き卵……1個分
粉チーズ・黒こしょう……各適量

作り方

1 かぼちゃはラップで包んで(a)2分加熱し、皮を取り除く。

2 耐熱容器にAを上から順に入れ、1を加え(b)、ラップをせずに10分加熱する。熱いうちにバターを混ぜ、溶き卵を加えて半熟状になるまで混ぜる。粉チーズ、黒こしょう、好みでドライパセリをかける。

ラップにチン!

a

b

薫製チーズ
カルボナーラ

ワンランク上の味！

たまご

POINT
● スモークチーズで手軽に薫製の香りを楽しめます。
● 溶き卵は常温にしておくと、いい具合に半熟になります。

600w
10分

材料（1食分）
A スパゲッティ（半分に折る）
……100g（1.4mm、ゆで時間が5〜6分のもの）
水……280ml
オリーブ油……小さじ2
塩……2つまみ
コンソメ（顆粒）
……小さじ1強
スモークチーズ（輪切り）
……40g
ベーコン（細切り）……40g
バター……10g
溶き卵……1個分
黒こしょう……適量

作り方
1 耐熱容器にAを上から順に入れ（a）、ラップをせずに10分加熱する。

2 バターを混ぜ、卵を加えて（b）半熟状になるまで混ぜる。黒こしょうをふる。

ラクラク

ねぎ塩レモン
豚パスタ

さわやかさを演出！

レモンが

POINT
● 火の通りにムラが出ないように豚肉は1枚ずつ広げて入れます。
● 香りがとばないようにレモン汁は仕上げに混ぜます。

600w
10分〜**11**分

材料（1食分）
A スパゲッティ（半分に折る）
……100g（1.4mm、ゆで時間が5〜6分のもの）
水……230ml
ごま油……大さじ1
酒……大さじ1
中華スープの素（ペースト）
……小さじ1½
にんにく（みじん切り）……1片
豚バラ薄切り肉（一口大にちぎる）
……80g
長ねぎ（小口切り）……½本（60g）
レモン汁……小さじ1弱
黒こしょう……適量

作り方
1 耐熱容器にAを上から順に入れ（a）、ラップをせずに10〜11分、汁気がなくなるまで加熱する。

2 レモン汁を混ぜ、黒こしょうをかける。

チン！

600 W
5 分

ナポリタンは
もちもちの太麺に合う!

うどんナポリタン

材料（1食分）

冷凍うどん……1玉（200g）
A ベーコン（細切り）……50g
　玉ねぎ（薄切り）……¼個（50g）
　ピーマン（輪切り）……1個（40g）
　バター……10g
　トマトケチャップ……大さじ2½
　砂糖……小さじ½
　コンソメ（顆粒）……小さじ½

POINT

● 加熱後にしっかり混ぜ、うどんに調味料をよくからめます。

作り方

1 耐熱容器にAを入れ（a）、冷凍うどんを加える。

2 ラップをして（b）レンジで5分加熱する。

3 よく混ぜ、好みでドライパセリ、粉チーズ、タバスコをかける。

a　　　　　b

チーン!

ツナマヨうどん

POINT
● 薬味をたっぷりのせ、混ぜながら食べて。

600w
4分

信頼と実績のコンビ

たまらん！

材料（1食分）

冷凍うどん……1玉（200g）
A ツナ缶（油をきる）
　……½缶（35g）
　白だし……小さじ2
　しょうゆ……小さじ½
マヨネーズ……大さじ1½
B 卵黄……1個分
　刻みのり・万能ねぎ
　（小口切り）・七味唐辛子・
　煎りごま（白）……各適量

作り方

1 耐熱容器にAを入れて（a）冷凍うどんをのせ、ラップをして（b）4分加熱する。

2 マヨネーズを混ぜ、Bをトッピングする。

a

b

ラクラク

チーズ釜玉うどん

POINT
● 好きなだけ追いチーズをして混ぜながら食べてください。

600w
3分**20**秒

チーズのコクがクセになる

材料（1食分）

冷凍うどん……1玉（200g）
卵……1個
A 粉チーズ……大さじ1
　麺つゆ（3倍濃縮）
　……大さじ1⅓
　削り節……たっぷり
　万能ねぎ（小口切り）・刻みのり・
　……各適量

作り方

1 冷凍うどんは袋のまま3分20秒（袋の表示に従う）加熱する（a）。

2 丼に入れて卵を割り入れ、Aをかける。

a

チン！

焼肉のたれで

本場感UP

台湾風焼きそば

材料（1食分）

焼きそば麺……1袋（150g）

ニラ（4〜5cm長さに切る）……¼束（25g）

A 豚ひき肉……60g

焼肉のたれ……大さじ3

うまみ調味料……2ふり

オリーブ油……小さじ2

作り方

1 耐熱容器に麺と**A**を入れ、ラップをして（**a**）3分加熱する。

2 ニラを加え、ラップをして（**b**）1分加熱する。

3 オリーブ油を加え、ほぐしながら混ぜる。好みで糸唐辛子をのせる。

a   b

POINT

● ニラはすぐに火が通るので完成直前に加えます。あればキッチンばさみで切りながら加えるとラク。

チン！

納豆油そば

POINT
● 卵黄をくずして混ぜながら食べます。

600 W
2分

麺に納豆が絶妙にからむ

たまらん！

材料（1食分）

焼きそば麺……1袋（150g）
納豆……1パック
A 白だし……小さじ4
　ごま油……小さじ2
　塩・黒こしょう……各少々
卵黄……1個分

作り方

1 耐熱容器に麺、納豆、Aを入れ、ラップをして（a）2分加熱する。

2 よく混ぜ、卵黄をのせて好みで万能ねぎを散らす。

アレンジ
マヨネーズをかけてもウマい。

ラクラク

ねぎ塩豚バラ油そば

POINT
● 豚肉は広げて上にのせ、うまみをねぎにしみ込ませます。

600 W
4分30秒

ねぎの香りが最高か！

材料（1食分）

焼きそば麺……1袋（150g）
A 長ねぎ（小口切り）
　……½本（60g）
　豚バラ薄切り肉……80g
　白だし……小さじ4
　酒……大さじ1
黒こしょう・煎りごま（白）・ラー油……各適量

作り方

1 耐熱容器にAを順に入れ（a）、麺を加える。ラップをして（b）4分30秒加熱する。

2 よく混ぜ、黒こしょう、ごま、ラー油をかける。

チン！

a

b

1日ごきげんで
いられる至福の

朝ご飯

5章

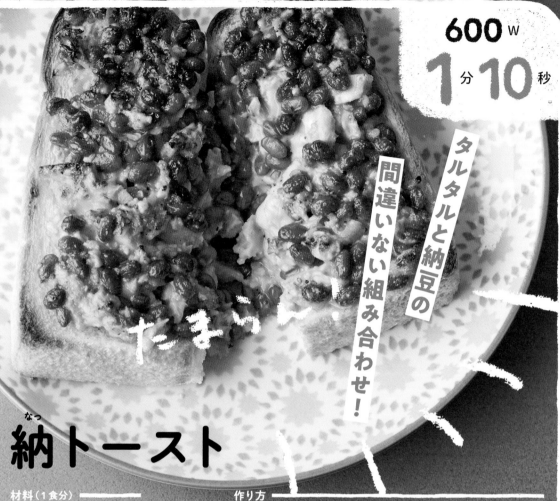

タルタルと納豆の
間違いない組み合わせ！

たまらい

納トースト
（なつ）

材料（1食分）

食パン（6枚切り）……1枚
卵……1個
A 納豆……1パック
　納豆付属のたれ……1袋
　納豆付属のからし……1袋
B マヨネーズ……大さじ1½
　トマトケチャップ……小さじ1
　塩・こしょう……各適量

作り方

1 耐熱容器に卵を軽く溶きほぐし、ラップをして（a）1分10秒加熱する。

2 Bを加えて混ぜ、混ぜ合わせたAを加え、さらに混ぜる。

3 食パンにのせ（b）、レンジのグリル機能（350℃）かトースター（1000W）で6〜8分、焼き目がつくまで焼く。

POINT

● 卵は白身が残るくらい軽く溶きます。
● 焼き時間は様子を見ながら調整して。

ラクラク

80

親子トースト

甘辛い焼き鳥缶が
大活躍！

POINT
● 卵は白身が残るくらい軽く溶いて。焼き時間は様子を見ながら調整。

600W
1分**10**秒

材料（1食分）

食パン（6枚切り）……1枚
卵……1個
A マヨネーズ……大さじ2
塩・こしょう……各少々
焼き鳥缶……1缶（75g）

作り方

1 耐熱容器に卵を軽く溶きほぐし、ラップをして（a）1分10秒加熱する。

2 Aを加えて混ぜ、食パンにのせる。焼き鳥をたれごとのせる（b）。レンジのグリル機能（350℃）かトースター（1000W）で6〜8分ほど、焼き目がつくまで焼く。好みで万能ねぎを散らす。

a

ラップして…

b

ブルーベリーバター

トーストがおしゃれに

たまらん！

POINT
● バターを加えたら、溶けてなじむまでよく混ぜます。

600W
4分

材料（作りやすい分量）

ブルーベリー（冷凍）……100g
砂糖……40g
バター……100g

アレンジ
クラッカーでサンドすればデザートにも。

作り方

1 耐熱容器にブルーベリーと砂糖を入れ、ラップをして（a）4分加熱する。

2 熱いうちにバターを加えて混ぜ（b）、ラップをして冷蔵庫で冷やす。

チン！

a

b

バターは正義！
約束された勝利

たまらん！

白だし明太バターご飯

材料（1食分）

ご飯（温かいもの）……200g
明太子……1腹（25g）
白だし……小さじ2
バター……10g
万能ねぎ（小口切り）……適量

作り方

1 耐熱容器にご飯を入れ、明太子をのせて白だしをかける。

2 ラップをして（a）1分30秒加熱する（b）。

3 明太子をほぐしながら混ぜ、ねぎ、バターをのせる。

ラクラク

POINT
● ご飯の熱でバターが溶けてくるので混ぜながら食べます。

a

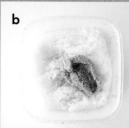

b

ポパイ丼

カット野菜ありがとう！

POINT
● セブン-イレブンの冷凍食材「ベーコンほうれん草」を使用。加熱時間は袋の表示に従ってください。

600w
3分**10**秒

材料（1食分）

ご飯（温かいもの）……200g
カットほうれん草
（冷凍。ベーコンとコーン入り）
……1袋（130g）
バター……10g
A うまみ調味料……4ふり
　しょうゆ・黒こしょう
　……各適量

作り方

1 耐熱容器にカットほうれん草を入れ、ラップをして（a）3分10秒加熱する。

2 ご飯に1とバターをのせ、Aをかける。

ラクラク

ラップして…

a

豆飯
（とうめし）

煮込んだみたい！何時間も

たまらん！

POINT
● 豆腐は木綿でもOK。水きりは不要。
● 豆腐に密着するようにペーパーで包み、全体にしみ渡るようにたれをかけます。

600w
5分

材料（1食分）

ご飯（温かいもの）
……200g
絹ごし豆腐……150g
A 麺つゆ（3倍濃縮）
　……大さじ3 1/2
　水……大さじ1

作り方

1 ペーパータオルで豆腐を包み、耐熱容器に入れる。混ぜたAをかける（a）。

2 ラップをせずに5分加熱し（b）、そのまま庫内に5分おく。ご飯にのせ、ペーパーを絞ってたれをかけ、好みで練りわさびを添える。

a

b

チン！

ウマウマ

アスパラエッグサラダ 低

ポリポリの食感が楽しい♪

600W 3分30秒

材料（1〜2食分）

アスパラガス（根元のかたいところをむき、1cm幅に切る）……1束（100g）
卵……2個

A マヨネーズ……大さじ2
コンソメ（顆粒）……小さじ1/2
塩・こしょう……各適量

POINT
● 卵と混ざりやすいようアスパラは短く切ります。

作り方
耐熱容器にアスパラを入れ、ラップをして2分加熱する。卵を割り入れて軽く混ぜ、ラップをして1分30秒加熱する。混ぜて粗熱を取り、Aを混ぜる。

まるでレストランの味！

パンプキンポタージュ

材料（1食分）

かぼちゃ……200g

A 牛乳……150ml
バター……10g
コンソメ（顆粒）……小さじ1 1/2

600W 8分

POINT
● つぶすときはマッシャーを使うのがおすすめ。時間があればざるでこすと、さらに舌触りがよくなります。

作り方
かぼちゃはラップに包み、5分加熱する。皮を取り除いて耐熱容器に入れ、軽くつぶしてAを加える。ラップをして3分加熱する。つぶしてなめらかにし、好みで生クリーム（コーヒーフレッシュでも可）、ドライパセリをかける。

ヴィシソワーズ

材料（1〜2食分）

A じゃがいも（皮をむいてちょう切り）……200g
玉ねぎ（薄切り）……1/4個（50g）
水……80ml
コンソメ（顆粒）……小さじ2
塩……少々
バター……10g
牛乳……150ml

600W 9分

アレンジ
じゃがいもスープとして温めて食べても。

おしゃれな冷製スープ

作り方
耐熱容器にAを入れ、ラップをして9分加熱する。牛乳を少しずつ加えながらマッシャーなどでつぶし、ペースト状にする。冷やして好みで生クリーム、ドライパセリをかける。

POINT
● 田舎風の素朴な仕上がり。あればミキサーにかけると、よりなめらかに。

84

手抜きなのに
最高級の味!

コンビニ食材
ご飯

6章

600 W

7分20秒

たまらん！

あのガッツリ系ラーメン?!

臆することなく

野菜をのせて

レンジ郎

材料（1食分）

インスタント袋麺（サッポロ一番 しょうゆ味）……1個
豚バラ薄切り肉（4〜5cm幅に切る）……80g
A しょうゆ……大さじ2
　みりん……小さじ2
　うま味調味料……4ふり
水……450ml
牛脂……1個（約7g）
B キャベツ（太めのせん切り）……1/8個（約120g）
　もやし……1袋（200g）
にんにく（みじん切り）……2片

作り方

1 豚肉にAをもみ込み、数分おく。

2 耐熱の丼に付属のスープ、麺、水の順に入れ、1の肉を並べ（漬け汁も加える）、牛脂をのせる（a）。

3 Bをのせ（b）、ラップをせずに7分20秒加熱する。

4 肉を上に出してにんにくをのせ、付属の特製スパイスをかける。混ぜながら食べる。

POINT

- 火が通りにくくなるので、肉はしっかり広げてのせます。
- ラップをせずに加熱し、野菜をシャキシャキに。
- 牛脂のコクがポイント。お肉屋さんでもらえます。

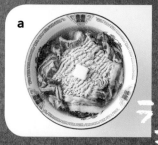

a

b

ラ

フク

シン・タンタンメン風サッポロ一番

POINT
- 香りがとばないように付属のスープは最後に混ぜます。
- 赤唐辛子の量は好みで調整して。

600W **6**分**30**秒

リピート必至の辛さ！

材料（1食分）

インスタント袋麺
（サッポロ一番 塩らーめん）……1袋
卵……1個
水……400ml
A 豚ひき肉……60g
　にんにく（粗みじん切り）……2片
　赤唐辛子（輪切り）……2本
ラー油……適量

作り方

1 耐熱の丼に卵を溶きほぐし（a）、水を加えて混ぜる。

2 Aと麺を加え（b）、ラップをせずに6分30秒加熱する。付属のスープとごまを混ぜ、ラー油をかける。

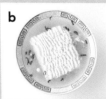

チン！

ねぎ玉みそラーメン

POINT
- 白身は水と合わせてよく混ぜておくと、加熱中の爆発防止に。

600W **6**分

たっぷりねぎがウマい！

材料（1食分）

インスタント袋麺
（サッポロ一番 みそラーメン）……1袋
万能ねぎ（小口切り）……½袋
A ごま油……小さじ2
　塩……小さじ⅛
　うまみ調味料……3ふり
　煎りごま（白）……小さじ1
水……450ml
卵（卵黄と白身に分ける）……1個
煎りごま（白）・ラー油……各適量

作り方

1 万能ねぎはAと混ぜ合わせる。

2 耐熱の丼に卵の白身を入れて軽く混ぜ、水を加えて混ぜる（a）。麺を加え（b）、ラップをせずに6分加熱する。付属のスープを混ぜ、1と卵黄をのせる。付属の七味唐辛子、ごま、ラー油をかける。

アレンジ

ねぎだれは倍量作っても。余ったら、麺類のトッピングや肉のソース、ご飯にのせて丼に。

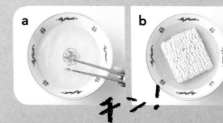

チン！

親子ラーメン

包丁いらずの
ズボラ飯！

アツアツ

600W

6分

POINT
● チキンラーメンは麺に味がついているのでラク。

ウマウマ

材料（1食分）
インスタント袋麺
（チキンラーメン）……1袋
卵……1個
サラダチキン（細かく裂く）
……½パック（約60g）
水……400ml
万能ねぎ（小口切り）・
黒こしょう……各適量

作り方
1 耐熱の丼に卵を溶きほぐし（a）、水を加えて混ぜる。

2 サラダチキンと麺を加え（b）、ラップをせずに6分加熱する。麺をほぐして混ぜ、ねぎ、黒こしょうをかける。

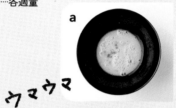

a　b

チキンカルボ
ラーメン

超濃厚な
イチ押しレシピ！

600W

6分

材料（1食分）
インスタント袋麺
（チキンラーメン）……1袋
卵（卵黄と白身に分ける）……1個
ベーコン（細切り）……40g
A 牛乳……200ml
｜ 水……150ml
バター……8g
黒こしょう・粉チーズ……各適量

POINT
● 白身は水分と合わせてよく混ぜておくと、加熱中の爆発防止に。
● 深めの丼で作るのがおすすめ。汁気を吸うので完成後すぐに食べて。

作り方
1 耐熱の丼に卵の白身を入れて軽く混ぜ、Aを加えてよく混ぜる（a）。

2 麺とベーコンを加え（b）、ラップをせずに6分加熱する。バターを混ぜ、卵黄をのせる。黒こしょう、粉チーズ、好みでドライパセリをかける。

グルグル

a　b

チン！

肉入りカット野菜

POINT

● セブン-イレブンの肉入り
カット野菜が便利。具沢山
で肉も野菜も一度にとれる。

600W
4分

肉野菜
焼きそば

忙しい現代人の救世主！

材料（1食分）

焼きそば麺……1袋（150g）
肉入りカット野菜
……1袋（130g）
焼きそば付属のソース
……1袋
塩・こしょう……各少々
サラダ油……小さじ1 ½

作り方

1 耐熱容器にすべての材料
を入れ（a）、ラップをせず
に4分加熱する。

2 よく混ぜ、好みで紅しょう
がを添えて青のりをかける。

a

チン！

肉野菜の中華丼

POINT

● 水溶き片栗粉でと
ろみをつけたら、
ごま油で風味づけ。

600W
4分

おうちで中華屋気分

材料（1食分）

ご飯（温かいもの）
……200g
肉入りカット野菜
……1袋（130g）
A 水……100ml
　中華スープの素
　（ペースト）
　……小さじ1
　塩・こしょう
　……各少々
片栗粉……小さじ2
ごま油……小さじ2

作り方

1 耐熱容器に肉入りカット野菜とAを
入れ、ラップをして（a）4分加熱する。

2 水少々（分量外）で溶いた片栗粉を
熱いうちに混ぜ、とろみをつける
（b）。ごま油を混ぜ、ご飯にのせる。

a

b

チン！

赤と黒の
チキンジャーキー 低

600w
5〜6分

酒とともに
秒で
なくなる

材料（1〜2食分）
サラダチキン…各1パック
赤：七味唐辛子
黒：粗びき黒こしょう
……各小さじ1
マヨネーズ……適量

POINT
- チキンの水分をとばし、柔らかいあたりめのような食感に。
- 加熱しすぎると、かたくなるので注意。カリッとした所としんなりした所が混在するくらいが目安。

作り方

1 サラダチキンは手で細かく裂き、赤は七味唐辛子、黒は粗びき黒こしょうをまぶす。

2 耐熱皿に広げ（a、b）、ラップをせずに3分加熱する。チキンをひっくり返し、再び2〜3分、様子を見ながら加熱する。マヨネーズを添える。

a

b

サラダチキンと 低
卵の白滝塩そば

POINT
- 白滝はぬるま湯で洗い、臭みを取ります。

600w
6分

あっさり
ヘルシー！

材料（1食分）
卵……1個
サラダチキン（細かく裂く）
……1/2パック（約60g）
水……280ml
A 白滝（ぬるま湯で洗う）
　……200g
　中華スープの素（ペースト）
　……小さじ1強
　塩……少々
ごま油……小さじ1
万能ねぎ（小口切り）
……適量

作り方

1 耐熱の丼に卵を溶きほぐし、水を加えて混ぜる。

2 **A**とサラダチキンを加え（a）、ラップをせずに6分加熱する。よく混ぜてごま油をかけ、ねぎをのせる。

a

チン！

一口で昇天！
家で作れる

奇跡の
デザート

7 章

600 W

2 分 **30** 秒 〜 **50** 秒

とろとろの半熟具合が優勝！

生クリームなしでこのウマさ

天使のメープルプディング

アレンジ
カフェオレや紅茶をかけても。

材料（350mlのマグカップ1個分）

卵……1個
A 砂糖……大さじ2
│ 牛乳……120ml
メープルシロップ……適量

作り方

1 ボウルに卵を溶きほぐし、**A**を加えて混ぜる。耐熱のマグカップにこしながら入れ（a）、泡があればスプーンで取る。

2 ラップをせずに2分加熱する。様子を見ながら、表面がかたまるまで3〜5回、10秒ずつ加熱する（b）。

3 庫内で粗熱を取り、冷蔵庫で冷やす。皿に出し、メープルシロップをかける。

POINT
● 卵を溶いてから一度こすと、さらになめらかに。
● 庫内で粗熱を取るうちに余熱でしっかり表面がかたまります。

a

b

ホカホカ

600 W
3 分

しっとり、濃厚！
自慢できる本格デザート

チーズテリーヌ

ウマウマ

材料（1～2食分）

クリームチーズ……100g
砂糖……30g
卵……1個
A 生クリーム……100ml
┃ レモン汁……大さじ½
小麦粉……小さじ3
サラダ油……小さじ1

作り方

1 耐熱容器にクリームチーズを入れ（a）、ラップをせずに30秒加熱する。砂糖、卵、Aの順に加えてそのつど混ぜる。小麦粉を小さじ1ずつふるい入れ（b）、そのつど混ぜる。

2 別の耐熱容器にサラダ油を塗り広げ、1を入れる。ラップをせずに1分50秒加熱し、中央がかたまるまで様子を見ながら、30秒、20秒、20秒と加熱する。

3 庫内で粗熱を取り、ラップをして冷蔵庫で一晩冷やす。取り出して切り、好みでミントを飾る。

POINT

● 小麦粉はダマになるので茶こしなどでふるい、3回に分けて混ぜます。
● 取り出しやすいように、容器にサラダ油を刷毛や手でまんべんなく塗ります。
● かたまらなければ、20秒ずつ加熱時間を追加してください。

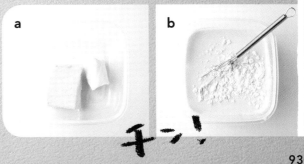

a

b

チン！

魔界のドリンク
ダメ人間になる
飲むレアチーズケーキ

タピオカの次は
お前しかおらん…

チーズ！

94

デブミルク

600 W
30 秒

材料（1食分）

クリームチーズ……50g
砂糖……小さじ4
牛乳……120ml

POINT
● 牛乳は分離するので少しずつ混ぜます。
● 結構甘いので、砂糖の量は好みで調整してください。

作り方

1 耐熱容器にクリームチーズを入れ（a）、ラップをせずに30秒加熱する。

2 砂糖を混ぜ、牛乳を少しずつ加えて（b）そのつど混ぜる。

a

b

チン！

ティラミス クッキーカフェオレ

材料（1食分）

デブミルク（上記）……1食分
コーヒーゼリー（クリーム入り）……1個（110g）
ココアパウダー……適量
ココアクッキー　1枚

雪印メグミルク「ほろにがコーヒーゼリー」、ヤマザキビスケット「ノアール」を使用。

作り方

1 コーヒーゼリーは適当な大きさに砕き、グラスに入れる（a）。

2 スプーンをつたわせながら、デブミルクをそっと注ぐ（b）。

3 ココアパウダーを茶こしでふり、クッキーを割ってのせる。

a

b

中川翔子セレクト ご褒美レシピ！

いいチョイスですね！

私が選りすぐりましたリュウジさんのレシピを！

手軽で簡単なリュウジさんの料理に
助けられているという中川翔子さんに、
作ってみたいメニューを
セレクトして頂きました！

リュウジさんのレシピは**激ウマ確実！**
いつも**助かっています**

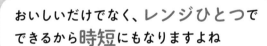
しょうこ

リュウジ

身近な食材で誰でも作れる、**テンション
上がるメニュー**を心がけています

おいしいだけでなく、**レンジひとつで**
できるから**時短**にもなりますよね

ひとりごはんのレンジ調理は洗い物も少ないし
圧倒的にラク。鶏肉なんかは柔らかく
仕上がるし、ひき肉は火が通りやすい。
レンジだからおいしく作れるメニューもあります

忙しく不規則な生活でも、簡単なレシピだから作ろうと
思えます！ 今回は、**食欲そそる3点**を選びました

しょこたんセレクト**1**

一見手がかかりそうなのに簡単。鶏つくねよりも、
肉感のジューシーさがあってそそられます！ 卵黄好きなので
つけて食べられるのも高ポイント！ お酒にも合いそうですよね。

豚つくね

600W
5分

おつまみにもごはんのおかずにも！

材料（1〜2食分）

A 豚ひき肉……180g
　長ねぎ（みじん切り）……1/2本
　塩……小さじ1/4
　黒こしょう……適量
　片栗粉……小さじ1 1/2
B しょうゆ……大さじ1 1/2
　砂糖……小さじ1 1/2
　酒……小さじ1
　うまみ調味料……2ふり
卵黄……1個分

作り方

1 耐熱容器にAを入れて（a）よく混ぜ、4等分にして丸め、並べる。

2 混ぜ合わせたBを加え、ラップをして（b）5分加熱する。

3 肉にたれをからめ、好みで万能ねぎ、七味唐辛子をかけ、卵黄をつけて食べる。

POINT
● 耐熱容器の中で混ぜれば、洗いものが減ります。
● 肉の臭いが気になる方は、たれにおろししょうがを混ぜても。

 a

 b

しょこたんセレクト **2**

なすはレンジで簡単に調理できるんですね！ みそでしっかり
味つけしているので、ご飯に合いそう。油も使わないので
ヘルシーですよね！老若男女問わず好まれる料理かと思います♪

なすみそ

600 W
5 分 **30** 秒

とろっとして濃厚！

POINT
● みそがダマになりやす
いので、調味料はよく
混ぜておきます。

材料（1〜2食分）

なす（縦8等分に切る）……3本（230g）
A みそ……大さじ1
  しょうゆ……小さじ1
  酒……大さじ1
  砂糖……小さじ1
  うまみ調味料……4ふり

作り方

1 耐熱容器になすを入れ、混ぜたＡをかけ、
ラップをして(a)5分30秒加熱する。
よく混ぜ、好みで七味唐辛子をふる。

a

しょこたんセレクト**3**

冷凍うどんは常備しているのですが、お出汁のベーシックなうどんしか作っていませんでした。このレシピならカルボナーラなのに簡単！生クリームも使わずローカロリーなら今すぐマネしたいです！

カルボナーラうどん

もちもちのうどんに
濃厚チーズソースが絡む！

600w
5分

材料（1食分）

冷凍うどん……1玉（200g）
ベーコン（細切り）……50g
バター……10g
A 溶き卵……1個分
　コンソメ（顆粒）……小さじ2/3
　粉チーズ……大さじ2
　黒こしょう……適量

POINT

● Aは先に混ぜておき、卵を常温にもどします。卵が冷たいままだと、うどんと合わせるときにうまく半熟になりにくい。

作り方

1 耐熱容器にベーコン、バターを入れ（a）、冷凍うどんをのせてラップをし、（b）5分加熱する。

2 熱いうちにAを加えて混ぜる（c）。黒こしょうをたっぷりかけ、好みでドライパセリをふる。

a

b

c

リュウジ

料理研究家。身近な食材で作る革命的なレシピをSNSに日々投稿。Twitterはフォロワー125万人超。2018年・2019年「料理レシピ本大賞 in Japan」入賞。著書に『やみつきバズレシピ』シリーズ(扶桑社)、『リュウジ式・悪魔のレシピ』(ライツ社)、『ほぼ100円飯』『ほぼ1ステップで作れるレンジ飯』(小社刊)など多数。

失敗ゼロ!
秒で作れる奇跡のウマさ!
1人分のレンジ飯革命

2020年 4 月16日　初版発行
2023年12月15日　22版発行

著者　　リュウジ
発行者　山下直久
発行　　株式会社KADOKAWA
　　　　〒102-8177 東京都千代田区富士見 2-13-3
　　　　電話 0570-002-301(ナビダイヤル)
印刷所　TOPPAN 株式会社